Berlin ist riesig!
DEUTSCHLAND

In **Berlin** leben auf einer Fläche von 892 km^2 rund 3,8 Millionen Menschen. Damit ist Berlin die größte Stadt in Deutschland und die fünftgrößte Stadt in Europa. Außerdem ist Berlin die Hauptstadt von Deutschland und der Sitz der Bundesregierung. Das bedeutet, dass sich hier alle Politiker treffen, um über das Land und seine Gesetze zu entscheiden.

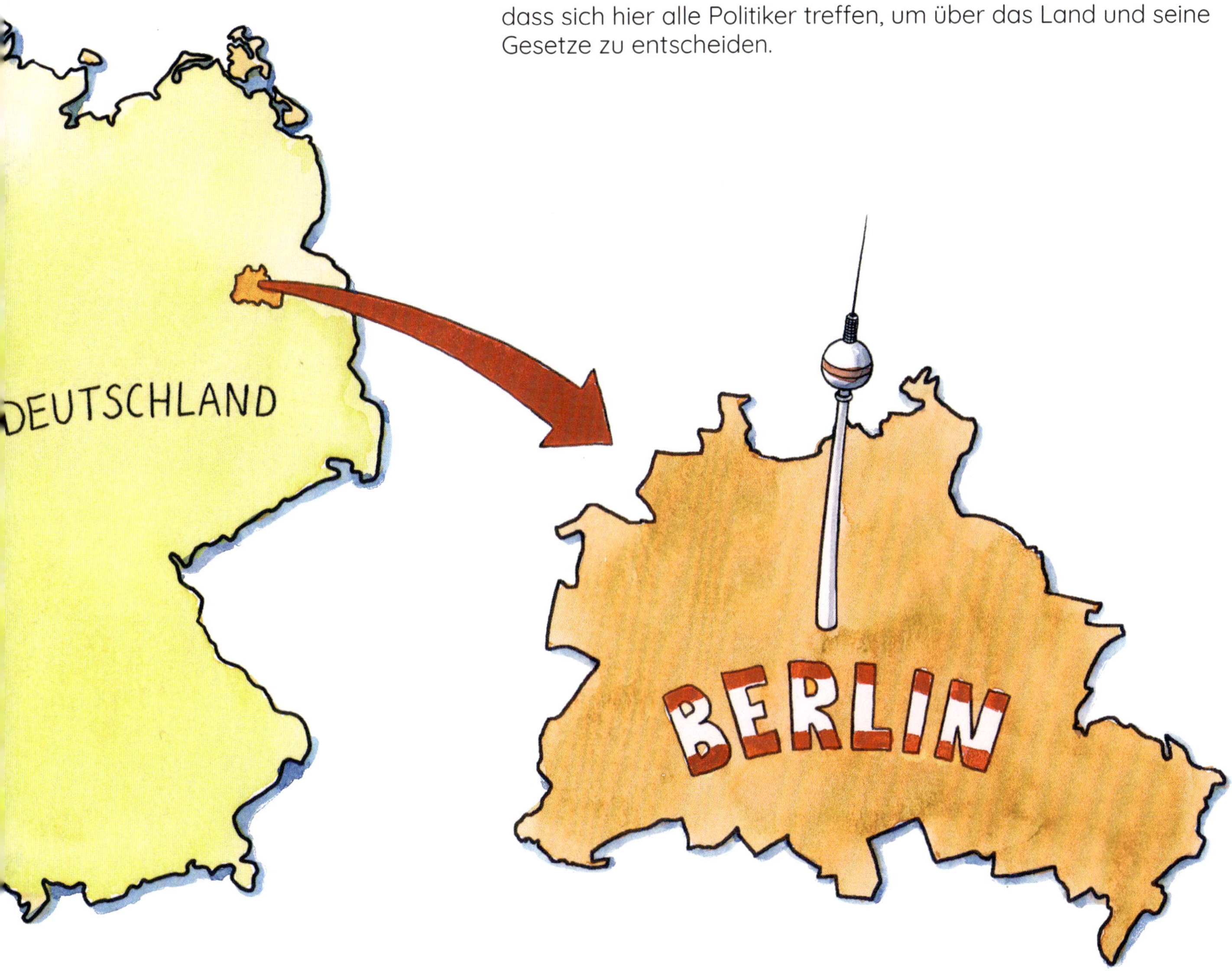

Der **Bär** ist seit 1280 das Wappentier Berlins. Daher kannst du überall in der Stadt Bären finden: als Skulpturen oder als Verzierungen an Häuserfassaden. Vielleicht hast du auch schon mal einen der lebensgroßen, bunt bemalten Buddy-Bären gesehen, die überall in der Stadt verteilt sind?

Auch wenn man es vermuten könnte, aber der **Name Berlin** hat nichts mit einem Bären zu tun. Schließlich heißt es ja Berlin und nicht Bärlin! Die Bezeichnung kommt aus der slawischen Sprache. Dort heißt „berlo" so viel wie „trockene Stelle im Sumpf" und „in" ist das slawische Anhängsel für Ortsnamen.

Die **Geschichte** der Stadt Berlin beginnt im Mittelalter mit der Gründung von zwei Kaufmannssiedlungen an der Spree: Cölln und Berlin. Da Cölln im Jahr 1237 zum ersten Mal in den Urkunden erwähnt wurde, gilt es als Gründungsjahr der Stadt, obwohl beide Siedlungen wahrscheinlich noch älter sind. 1307 schlossen sich Cölln und Berlin zusammen, um ihre Rechte gegenüber dem Landesherren auszuweiten, offiziell vereinigt wurden sie allerdings erst 1709.

1871 wurde Berlin **Hauptstadt des Deutschen Reiches** und in der Folgezeit entstanden viele Regierungsgebäude. Da damals schon über 800.000 Menschen in der Stadt lebten und die Bevölkerungszahl rasant anstieg, wurden Versorgungswerke, die Kanalisation, Grünanlagen, Schulen sowie Warenhäuser, Restaurants und Hotels gebaut.

Der **Erste Weltkrieg** hatte Berlin sehr mitgenommen. Aber die Berliner ließen sich nicht unterkriegen und schufen in den sogenannten Goldenen Zwanzigern ein buntes Leben mit außergewöhnlichen Theateraufführungen, Varietévorstellungen und Filmpremieren.

Zu Beginn des **Zweiten Weltkrieges** 1939 hatte Berlin schon über 4,5 Millionen Einwohner, aber nach Kriegsende waren fast ein Drittel aller Wohnungen und viele der historischen Bauten zerstört. Die Sieger des Krieges teilten die Stadt unter sich auf: Die USA, Großbritannien und Frankreich besetzten den Westen der Stadt, die Sowjetunion den Osten.

Im Mai 1949 wurde im Westen die **Bundesrepublik Deutschland (BRD)** gegründet, im Osten fünf Monate später die **Deutsche Demokratische Republik (DDR).**

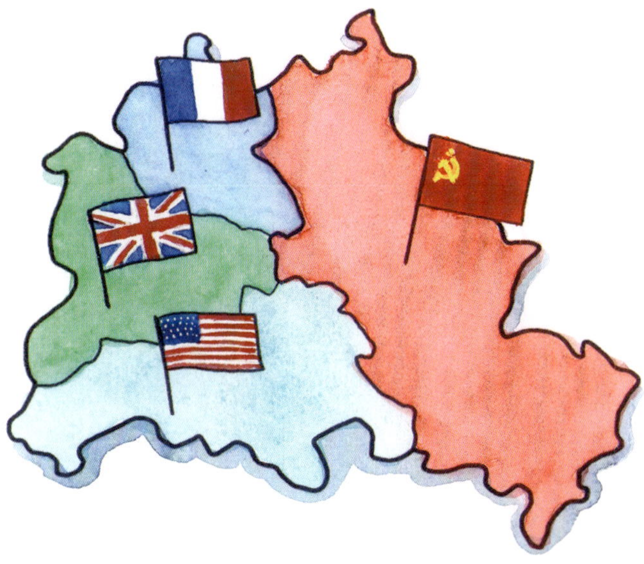

Cool!
Bin weg!
Emil
MANNI
ICK LIEBE DI
PASSION
Benny
KIEK MAL RÜBER
PEACE
Mori

Am Anfang waren die Grenzen zwischen West- und Ostdeutschland offen. Da es den Menschen in der Bundesrepublik aber besser ging als den Menschen in der DDR, siedelten immer mehr vom Osten in den Westen über. Um das zu verhindern, baute die Regierung der DDR am 13. August 1961 eine 3,60 m hohe **Mauer mitten durch Berlin,** die sie von bewaffneten Soldaten bewachen ließ. Damit waren Familien, Freunde und Nachbarn voneinander getrennt.
Obwohl es gefährlich war, wollten weiterhin Menschen vom Osten der Stadt in den Westen gelangen. Sie versuchten, über die Mauer zu klettern, Tunnel unter der Mauer durchzugraben oder auf anderen Wegen zu flüchten. Viele wurden dabei erwischt, sie kamen ins Gefängnis oder verloren ihr Leben.

Im Laufe der Zeit wurden die Menschen in der DDR immer unzufriedener mit ihrer Situation. Obwohl es streng verboten war, begannen einige, gegen die Regierung zu demonstrieren. Schnell wurden es immer mehr und mehr Menschen und auch Politiker anderer Länder schalteten sich ein. Am 9. November 1989 konnte die DDR-Regierung dem Druck nicht mehr standhalten und öffnete die Grenzübergänge nach West-Berlin.
Die Mauer war gefallen! Ost- und Westberliner feierten in dieser Nacht zum ersten Mal seit über 28 Jahren wieder gemeinsam.

1894 ließ Kaiser Wilhelm II. den prunkvollen **Berliner Dom** und den **Lustgarten** als Mittelpunkt des Deutschen Reiches bauen. Wenn du genug Puste hast, die 270 Stufen bis in die Kuppel hinaufzusteigen, wirst du mit einem wundervollen Blick über die Berliner Innenstadt, die Spree, das Nikolaiviertel und die ganze Museumsinsel belohnt.

Der **Berliner Fernsehturm** ist 368 m hoch. In der Turmkugel befindeen sich ein Restaurant, das sich langsam dreht, und eine Aussichtsplattform. Über die Antenne des Turms werden die Programme gesendet, die du im Radio hörst und im Fernseher anschauen kannst.

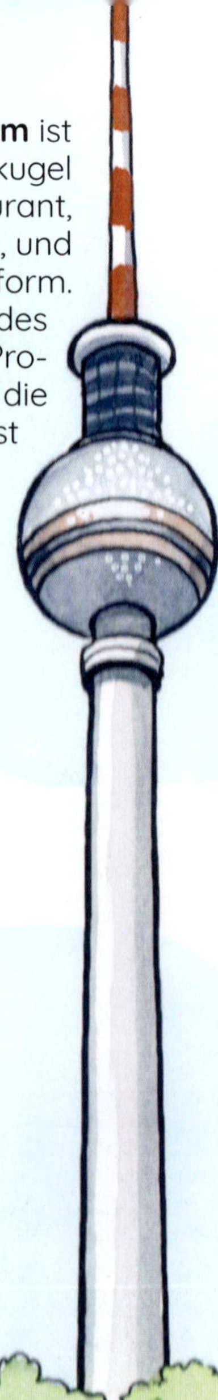

Das **Brandenburger Tor** ist der letzte noch vorhandene Durchgang der ehemaligen Stadtmauer. Obendrauf siehst du die goldene Quadriga, einen von vier Pferden gezogenen Wagen mit der Siegesgöttin Victoria. Sie symbolisiert den Einzug des Friedens in Berlin. Das Brandenburger Tor ist so bekannt, dass es sogar auf einigen der deutschen Cent-Münzen abgebildet ist.

Im **Berliner Reichstag** setzen sich die Politiker zusammen, um wichtige Entscheidungen für Deutschland zu treffen. Das Gebäude ist über 125 Jahre alt und wurde 1933 durch einen Brand fast komplett zerstört. Vor über 20 Jahren wurde auf den Reichstag eine gläserne Kuppel gebaut, die du besichtigen kannst.

Das **Nikolaiviertel** wurde Ende der 1980er Jahre so wieder aufgebaut, wie es früher in Berlin ausgesehen hat: enge Gassen und gemütliche kleine Häuschen! Schon damals gab es hier viele Restaurants, kleine Läden und Handwerksbetriebe. Im Nikolaiviertel wohnten früher viele bekannte Künstler wie Heinrich von Kleist oder Gotthold Ephraim Lessing.

In einigen Ländern gibt es unterschiedliche Uhrzeiten. Wie spät es in welchem Land ist, kannst du an der **Weltzeituhr** auf dem Alexanderplatz ablesen: Auf dem dreiteiligen Zylinder stehen die wichtigsten Städte der Zeitzonen. In der Walze dreht sich ein Stundenring, in dem die farbig gekennzeichneten Stunden durch die 24 Zonen wandern.

Eine Wendeltreppe mit 285 Stufen führt zur Besucherplattform der **Siegessäule.** Die Skulptur oben ist mit echtem Blattgold verziert und wird daher auch „Goldelse“ genannt. Sie ist über acht Meter hoch und ihre Füße sind so groß, dass sie Schuhe in Größe 92 tragen würde.

Das größte und prachtvollste Schloss in Berlin ist das **Schloss Charlottenburg.** Die Säle sind ähnlich schmuckvoll eingerichtet wie früher und im großen Schlosspark kannst du die vielleicht schönste Brücke der ganzen Stadt finden.

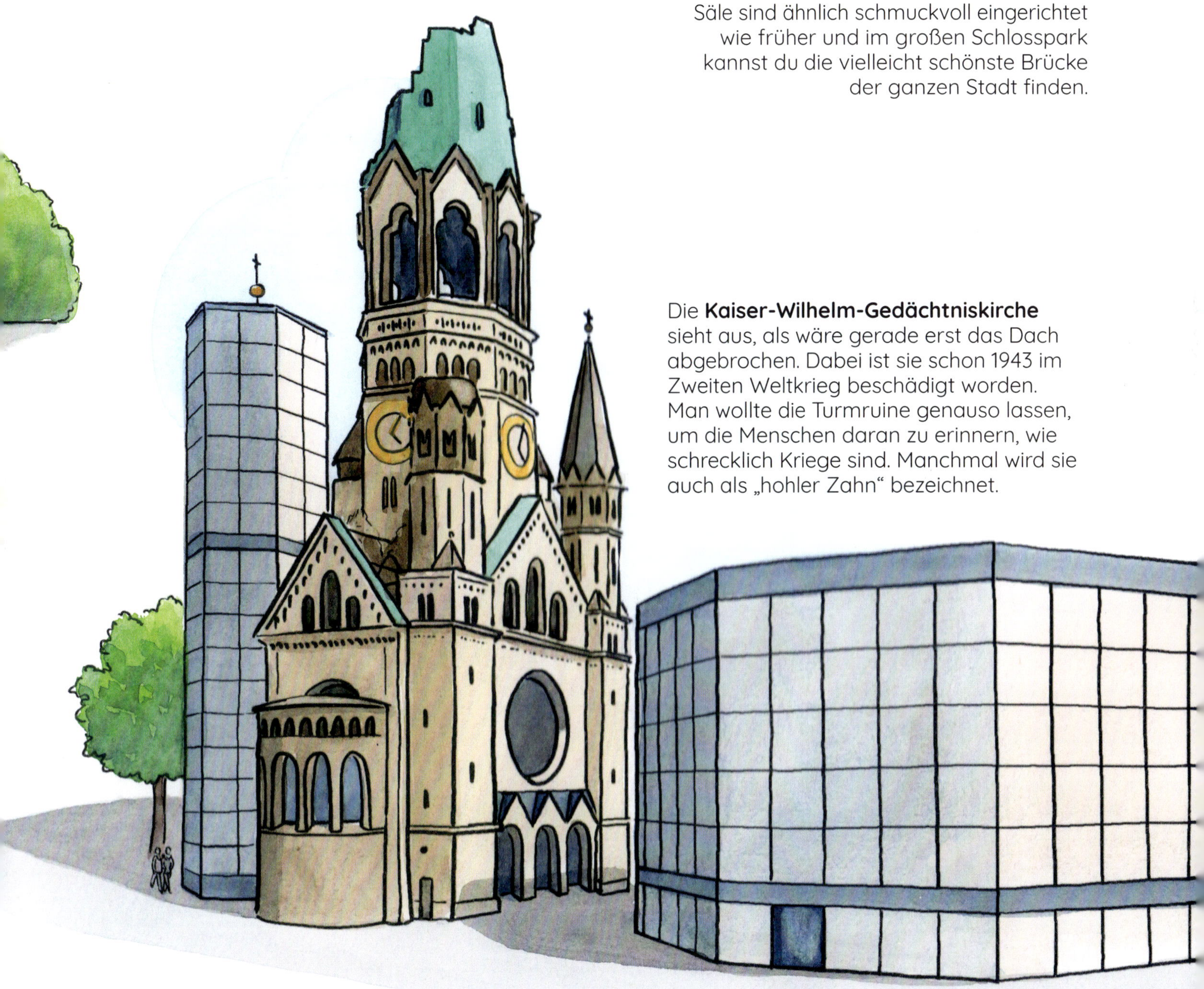

Die **Kaiser-Wilhelm-Gedächtniskirche** sieht aus, als wäre gerade erst das Dach abgebrochen. Dabei ist sie schon 1943 im Zweiten Weltkrieg beschädigt worden. Man wollte die Turmruine genauso lassen, um die Menschen daran zu erinnern, wie schrecklich Kriege sind. Manchmal wird sie auch als „hohler Zahn" bezeichnet.

Oft ist es schwer, sich in der **großen Stadt** zurechtzufinden! Einige Straßen haben nämlich denselben Namen: Die Lindenstraße gibt es zehn Mal in Berlin, die Waldstraße sogar zwölf Mal. In manchen Straßen sind fortlaufende Hausnummern nicht nebeneinander, sondern im Zickzack angeordnet. Außerdem haben oft mehrere Häuser die gleiche Hausnummer. Sie heißen dann Vorderhaus, Hinterhaus und Quergebäude.

Nur etwa ein Drittel der **Einwohner Berlins** sind wirklich in der Stadt geboren. Der Rest der Bewohner ist aus anderen Städten oder Ländern zugezogen. Daher wird in Berlin auch oft englisch gesprochen. Bist du denn ein Berliner Original?

Café Achteck nennen die Berliner die inzwischen 100 Jahre alten öffentlichen Toilettenhäuschen der Stadt im Spaß – weil sie acht Ecken haben. Heute gibt es leider nur noch wenige der dunkelgrünen, kunstvoll gestalteten stillen Örtchen. Aber halte doch mal die Augen offen, ob du irgendwo eines entdeckst!

In Berlin kannst du noch über 2.000 handbetriebene **Wasserpumpen** finden. Einige der mit Fischen, Muscheln, Blumen oder Drachenköpfen verzierten Pumpen sind schon über 100 Jahre alt. Als es noch keine Wasserleitungen gab, haben die Berliner hier ihr Trinkwasser geholt.

Auch bei schlechtem Wetter wird dir in Berlin nicht so schnell langweilig: Wolltest du an jedem Regentag (etwa 120 im Jahr) in ein anderes **Museum** gehen (ungefähr 175) bräuchtest du knapp 1,5 Jahre, bis du alle besucht hättest.

Durch seine vielen Flüsse, Kanäle, Bäche, Seen und Teiche ist Berlin eine der **wasserreichsten Städte** in Deutschland. Würdest du alle Wasserflächen zusammenzählen, kämst du auf fast 59 km². Das sind ungefähr 7 % der Fläche der gesamten Stadt.

Die größten Flüsse, die durch Berlin fließen, heißen Spree und Havel. Die **Spree** ist insgesamt fast 400 km lang und rund 40 km davon fließen durch Berlin, bis sie schließlich bei Spandau in die Havel mündet. In dem eher gemächlich fließenden Gewässer tummeln sich 27 verschiedene Fischarten, die häufigsten sind Aal und Barsch. Die **Havel** schlängelt sich 29 km durch die Stadt und durchquert dabei unter anderem den Wannsee. Im Südwesten umfließt die Havel die märchenhafte **Pfaueninsel,** auf der die radschlagenden Vögel frei leben.

Berlin hat auch viele Kanäle. Einer der beliebtesten ist der **Landwehrkanal,** der auf einer Länge von über 10 km durch Treptow, Kreuzberg, Neukölln, Tiergarten und Charlottenburg fließt. An vielen Stellen der idyllischen Uferpromenade kannst du spazieren gehen oder dich gemütlich hinsetzen.

Die Berliner lieben ihre Badeseen. Einer der bekanntesten ist sicher der **Wannsee,** der auch schon mal als „Berlins Badewanne" bezeichnet wird. Der größte ist der **Müggelsee** in Treptow-Köpenick, einer der saubersten ist der **Schlachtensee** in Steglitz-Zehlendorf. Der **Weiße See** in Pankow ist zwar recht klein, hat aber einen schönen Springbrunnen in der Mitte. Der **Tegeler See** in Reinickendorf gilt als zweitgrößter See Berlins, aber eigentlich ist er gar kein echter See, sondern eine Ausbuchtung der Oberhavel. Im **Plötzensee** im Wedding kann man nicht nur gut baden, sondern auch Hechte und Zander angeln. Die **Krumme Lanke** im Grunewald verdankt ihren Namen ihrer gekrümmten Form und das Strandbad am **Orankesee** in Alt-Höhenschönhausen ist für seinen besonders feinen Sandstrand bekannt.

Berlin ist mit seinen über 2.500 **Parks und Gärten** eine grüne Großstadt und fast jeder Park bietet etwas Besonderes:

Das Highlight im **Britzer Garten** ist Tulipan, wenn über 250.000 Tulpen in allen nur erdenklichen Farben und Formen fast gleichzeitig blühen. Aber auch außerhalb dieser Zeit ist der Britzer Garten mit seiner weitläufigen Seen- und Wiesenlandschaft, den tierischen Bewohnern, dem Modellboothafen, der Parkbahn und natürlich der alten Britzer Mühle einen Besuch wert.

Im **Viktoriapark** kannst du den 66 m hohen Kreuzberg erklimmen, an einem Wasserfall entlangklettern, im Sommer picknicken und im Winter auf verschiedenen Rodelstrecken in die Tiefe preschen.

Das **Tempelhofer Feld** ist eigentlich ein stillgelegter Flughafen, der in einen Park umgewandelt wurde. Die alten Landebahnen eignen sich hervorragend, um sie mit allerlei fahrbaren Untersätzen zu erkunden, egal ob mit Skateboard, Inlines-Skates, Roller oder Fahrrad. In eingezeichneten Zonen darf hier gegrillt und beim Urban Gardening gemeinschaftlich Gemüse gezüchtet werden.

Der **Natur-Park Südgelände** wirkt wie ein verwunschener Zaubergarten. Auf dem stillgelegten Rangierbahnhof siehst du, wie sich die Natur ihr Territorium zurückerobert. Wandele zwischen überwucherten Gleisen und umwachsenen Lichtmasten, bis du die versteckte, historische Dampflok findest. Im alten Lokschuppen gibt es moderne Kunst zu bewundern, im Sommer findet nebenan ein Open-Air-Kinderprogramm statt.

Im **Mauerpark** findet sonntags nicht nur ein großer Flohmarkt statt, wer sich traut, kann an manchen Tagen im Dreieck der Stadtteile Mitte, Prenzlauer Berg und Wedding sogar vor einem großen Publikum Karaoke singen.

Über verschlungene Pfade kannst du im **Volkspark Humboldthain** bis zu einem historischen Flakturm wandern, um von dort die weitläufige Aussicht über den Wedding zu genießen.

In den **Gärten der Welt** findest du Grünanlagen, die im Stil verschiedener Länder oder Kulturen gestaltet sind. So zum Beispiel die asiatischen Gärten wie den chinesischen, den japanischen oder den koreanischen. Neben einer Seilbahn gibt es eine Sommerrodelbahn, einen Irrgarten, ein Labyrinth und einen Wolkenhain, von dem aus du einen herrlichen Blick über das brandenburgische Land und das Berliner Zentrum hast.

Im **Treptower Park** legen die großen Ausflugsdampfer an. Du kannst dich aber auch mit eigener Muskelkraft im Tretboot oder im Ruderboot übers Wasser bewegen. Besonders eindrucksvoll: die hohe Brücke, die auf die Insel der Jugend führt.

1959 flimmerte das in Berlin erfundene **Sandmännchen** zum ersten Mal über die ostdeutschen Fernsehbildschirme. In der ersten Geschichte schlief der kleine Mann mit dem langen weißen Bart an einer Straßenecke ein. Das tat vielen Kindern so leid, dass sie Briefe an den Sender schickten, um dem Sandmännchen ihr eigenes Bett anzubieten.

Die ersten **Ost-Ampelmännchen** wurden 1969 an der Kreuzung Unter den Linden und Friedrichstraße im Osten von Berlin eingeführt. Als sie nach der Wiedervereinigung gegen die westdeutschen Ampelmännchen ausgetauscht werden sollten, rebellierte die Bevölkerung. Nun werden deutschlandweit beide Symbole verwendet.

Werner von Siemens baute die erste **elektrische Straßenbahn,** die im Mai 1881 mit nur 20 km/h durch Lichterfelde bei Berlin zuckelte. Inzwischen verfügt Berlin über das größte Straßenbahnnetzwerk Deutschlands.

Der Erfinder Konrad Zuse entwickelte 1941 in Berlin den ersten funktionstüchtigen **Computer** der Welt. Der Z3 war so groß wie ein Schrank, konnte nur 64 Wörter speichern und brauchte drei Sekunden, um eine einfache Malaufgabe zu lösen.

Früher hingen Informationen und Ankündigungen an Bäumen oder Häusern. Das fand der Druckereibesitzer Ernst Litfaß so unübersichtlich, dass er 1855 auf die Idee kam, sogenannte „Annonciersäulen“ in Berlin aufzustellen. Später wurden sie ihm zu Ehren **Litfaßsäule** genannt.

Die Legende über die Entstehung der **Pfannkuchen** erzählt man sich in Berlin so: Es gab mal einen Soldaten, der wollte im Krieg unbedingt die Kanonen bedienen. Leider stellte er sich dabei so ungeschickt an, dass er in die Feldbäckerei versetzt wurde. Dort konnte er sich von seinem großen Traum aber immer noch nicht verabschieden und formte daher Hefeteigballen, die an Kanonenkugeln erinnerten. Was meinst du, ob diese Geschichte wohl stimmt?

In Berlin leben erstaunlich viele **Wildtierarten,** die sonst in der Stadt eigentlich gar nicht vorkommen. So kann es schon mal sein, dass dir Waschbären, Füchse, Wildkaninchen oder sogar Rehe und Wildschweine begegnen.

Im Osten der Stadt findest du den **Tierpark.** Er ist bekannt für seine riesigen Kamelwiesen mit der Flamingo-Lagune. Im Tierpark kannst du an einer Dschungel-Expedition durch den tropischen Regenwald teilnehmen.

Der **Zoologische Garten Berlin** ist der älteste Zoo in Deutschland. Hier leben fast 20.000 Tiere, aus knapp 1.200 Arten wie zum Beispiel Elefanten, Giraffen und Pandas. Besonders eindrucksvoll ist das Elefantentor am Eingang: Zwei lebensgroße liegende Elefanten aus Sandstein tragen das rot-grüne, mit goldenen Elementen verzierte Pagodendach.

Berlin hat jede Menge **Tierbauernhöfe.** So zum Beispiel die Jugendfarm Moritzhof im Mauerpark, den Tierpark Neukölln in der Hasenheide, den Kinderbauernhof Pinke-Panke in Pankow, den Charlottenburger Ziegenhof und die Familienfarm Lübars.

Gleich neben dem Zoo befindet sich das **Aquarium Berlin,** in dem neben exotischen Fischen und Korallen auch außergewöhnliche Reptilien, Amphibien und Insekten zuhause sind.

Im Aquarium **Sea Life** kannst du durch einen gläsernen Tunnel mitten durch das Ozeanbecken laufen und dabei zuschauen, wie die Fische um dich herumschwimmen. Besondere Highlights sind auch das tropische Korallenriff, die niedlichen Seepferdchen und die gefährlichen Haie.

Der größte Fußballverein in Berlin ist **Hertha BSC.** Der Name und die Vereinsfarben stammen von einem Schiff auf dem Wannsee, mit dem die Gründer des Vereins eine Dampferfahrt unternommen hatten. Die Heimspielstätte der „Alten Dame“, wie der Club auch genannt wird, ist das Olympiastadion. Dort unterstützen die Fans zusammen mit Maskottchen Herthinho ihren Verein mit dem Schlachtruf: „ha ho he – Hertha BSC!“.

Rot und weiß sind die Vereinsfarben des **1. FC Union Berlin,** des Fußballteams aus dem Osten der Stadt. Die Fans der „Eisernen“ gelten als besonders loyal: Sie haben nicht nur das Heimstadion „Alte Försterei“ saniert, sondern sogar Blut gespendet, um dem Team mit den Einnahmen daraus aus finanziellen Schwierigkeiten zu helfen. Das Maskottchen heißt Ritter Keule, der Schlachtruf lautet: „Und niemals vergessen – Eisern Union!“

Der Verein **Alba Berlin** spielt seit seiner Gründung 1991 durchgehend in der Basketball-Bundesliga. Mit seiner Teilnahme an acht Meisterschaften und vielen europäischen Wettbewerben zählt Alba zu den erfolgreichsten Basketball-Vereinen Europas. Das Maskottchen des Teams ist ein Albatros.

Die **Füchse Berlin** sind das Berliner Spitzenteam in der Handball-Bundesliga. Der Name ist abgeleitet vom Wappentier des Stadtteils des Hauptvereins, nämlich Reinickendorf. Maskottchen Fuchsi unterstützt das Team bei jedem Spiel.

Auch im Pferdesport hat Berlin einiges zu bieten, denn es gibt gleich zwei Rennbahnen in der Stadt: Im Osten kannst du die **Galopprennbahn Hoppegarten** besuchen und in **Mariendorf** die **Trapprennbahn,** auf der in der Regel zwei Mal die Woche ein Rennen stattfindet.

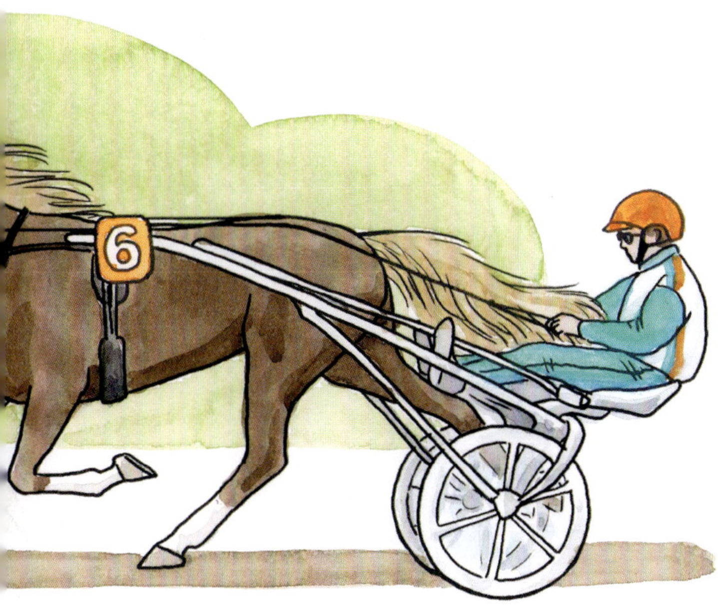

Mit insgesamt sieben errungenen Meistertiteln wurden die **Eisbären Berlin** im Jahr 2013 deutscher Rekordmeister im Eishockey. Bully ist nicht nur das Maskottchen der Eisbären Berlin, sondern gleichzeitig auch der Präsident des Eisbären Kids Clubs.

Das **Museum für Naturkunde Berlin** ist eines der größten Naturkundemuseen in Deutschland. Im Lichthof des Museums kannst du dir anhand verschiedener Fossilien von Tieren und Pflanzen aus der späten Jurazeit anschauen, wie die Welt vor 150 Millionen Jahren aussah.

Berlin galt früher als Hauptstadt der Spione. Alles darüber kannst du im **Deutschen Spionagemuseum** erfahren. Schließe deine Eltern an einen Lügendetektor an, knacke Tresore und teste im Laserparcour, ob du ein guter Spion wärst. Neben echten Spionagewerkzeugen kannst du hier auch Requisiten aus den James-Bond-Filmen bewundern.

In der ehemaligen Eliaskirche findest du das **MACHmit! Museum für Kinder.** Hier gibt es ein sieben Meter hohes Kletterregal, eine historische Museumsdruckerei, ein Spiegelkabinett und wechselnde interaktive Ausstellungen zu spannenden aktuellen Themen.

Das **Computerspielemuseum** zeigt, wie sich die Spiele im Laufe der Zeit entwickelt haben und Daddel-Klassiker wie Donkey Kong oder Space Invaders lassen nicht nur die Herzen deiner Eltern höherschlagen. Das Beste: Du kannst fast alle Spiele ausprobieren.

Unter den 800 ausgestellten Exponaten im **Musikinstrumente-Museum** finden sich jede Menge Kuriositäten. Finde heraus, was ein Wurstfagott ist, wie sich die Büchsentrompete spielt, was man mit Spazierstockinstrumenten machen kann oder wie sich das Nähtischklavier von einem echten Klavier unterscheidet.

In der über 1.000 m² großen Ausstellungshalle tauchst du im **Labyrinth Kindermuseum** in kreative Spielwelten ab. Im Gegensatz zu so vielen anderen Museen ist das Anfassen der Ausstellungsstücke hier ausdrücklich erwünscht!

Im **Deutschen Technikmuseum** kannst du nicht nur Flugzeuge, Dampfloks und einen Schiffssimulator bewundern, sondern im angeschlossenen **Science Center Spectrum** selbst aktiv werden und an über 150 Stationen wissenschaftliche Experimente durchführen.

Jedes Jahr wird am Brandenburger Tor Deutschlands größte **Silvesterparty** gefeiert. Dort gibt es Live-Musik, DJs, jede Menge Essensstände, Fahrgeschäfte, ein Riesenrad – und natürlich ein großes Feuerwerk.

„Film ab!" heißt es, wenn ein Mal im Jahr die Filmschaffenden zur **Berlinale** in die Stadt kommen. Das Festival zählt zu den wichtigsten Filmfestivals der Welt und hat auch Kinderfilme im Programm.

Beim **internationalen Literaturfestival** und dem **Poesiefestival** lesen Dichter und Autoren aus dem In- und Ausland in Berlin aus ihren Werken vor. Beide Festivals bieten ein extra Programm für Kinder an.

Gleich zwei Mal im Jahr findet die **Fashion Week** in Berlin statt. Hier treffen sich Designer und Modeverrückte aus aller Welt, um sich auf zahlreichen Modenschauen und Events über die neusten Trends auszutauschen.

Nirgendwo wird der **Tag der Deutschen Einheit** so rauschend gefeiert wie in Berlin. Am 3. Oktober verwandeln sich der Platz der Republik vor dem Reichstag, die Straße des 17. Juni und das Brandenburger Tor in ein einziges großes Festgelände mit abwechslungsreichem Kinderprogramm.

Das Lichterfest **Festival of Lights** ist besonders für Nachtschwärmer interessant. Nach Einbruch der Dämmerung werden bedeutende Berliner Gebäude bunt angestrahlt. Versuche doch, deine Eltern zu überreden, dass du dafür mal länger wach bleiben darfst!

Mit der **Berlin Art Week** im Herbst und dem **Gallery Weekend** im Frühling veranstaltet die Stadt gleich zwei bedeutende Kunstfestivals. Das deutlich kleinere Festival, **48 Stunden Neukölln,** ist durch seine vielen Mitmach-Aktionen besonders für Kinder interessant.

Jedes Jahr an Pfingsten erfreut der **Karneval der Kulturen** die Berliner. Das Highlight des bunten Straßenfestes ist der Umzug: Menschen aus fast allen Teilen der Welt präsentieren ihre Kultur durch farbenfrohe Kostüme, Musik, Tänze und Akrobatikeinlagen.

Der **Berliner Tierpark** ist der größte seiner Art in ganz Europa.

Die **East Side Gallery** ist die längste Open-Air-Galerie der Welt.

Die **Hackeschen Höfe** sind das größte zusammenhängende Hof-Areal in Deutschland.

Berlin ist die Stadt, über die in ganz Deutschland die meisten **Lieder** gesungen wurden.

Der **Fernsehturm** ist mit 368 m das höchste Bauwerk in Deutschland.

Im Berliner Dom steht die größte im Original erhaltene **Orgel** der Spätromantik.

Der **Berliner Zoo** ist der artenreichste Zoo weltweit.

Das **KaDeWe** ist das bekannteste Kaufhaus in Deutschland und das größte auf dem europäischen Festland.

Die **Museumsinsel** ist das größte Universalmuseum der Welt.

Berlin hat mit über 800 Museen, Galerien, Theatern, Opern und Bibliotheken die meisten **kulturellen Einrichtungen** in Deutschland.

Berlin hat das größte **Gaslaternen**-Netz der Welt.

Das **Estrel Berlin** ist mit 1.125 Zimmern das größte Hotel Deutschlands.

REINICKENDORF
PANKOW
TEGELER SEE
SPANDAU
MITTE
SPREE
FRIEDRICHSHAIN-
KREUZBERG
TEMPELHOF
TELTOWKANAL
WANNSEE
STEGLITZ-
ZEHLENDORF
HIER GEHTS NACH
POTSDAM

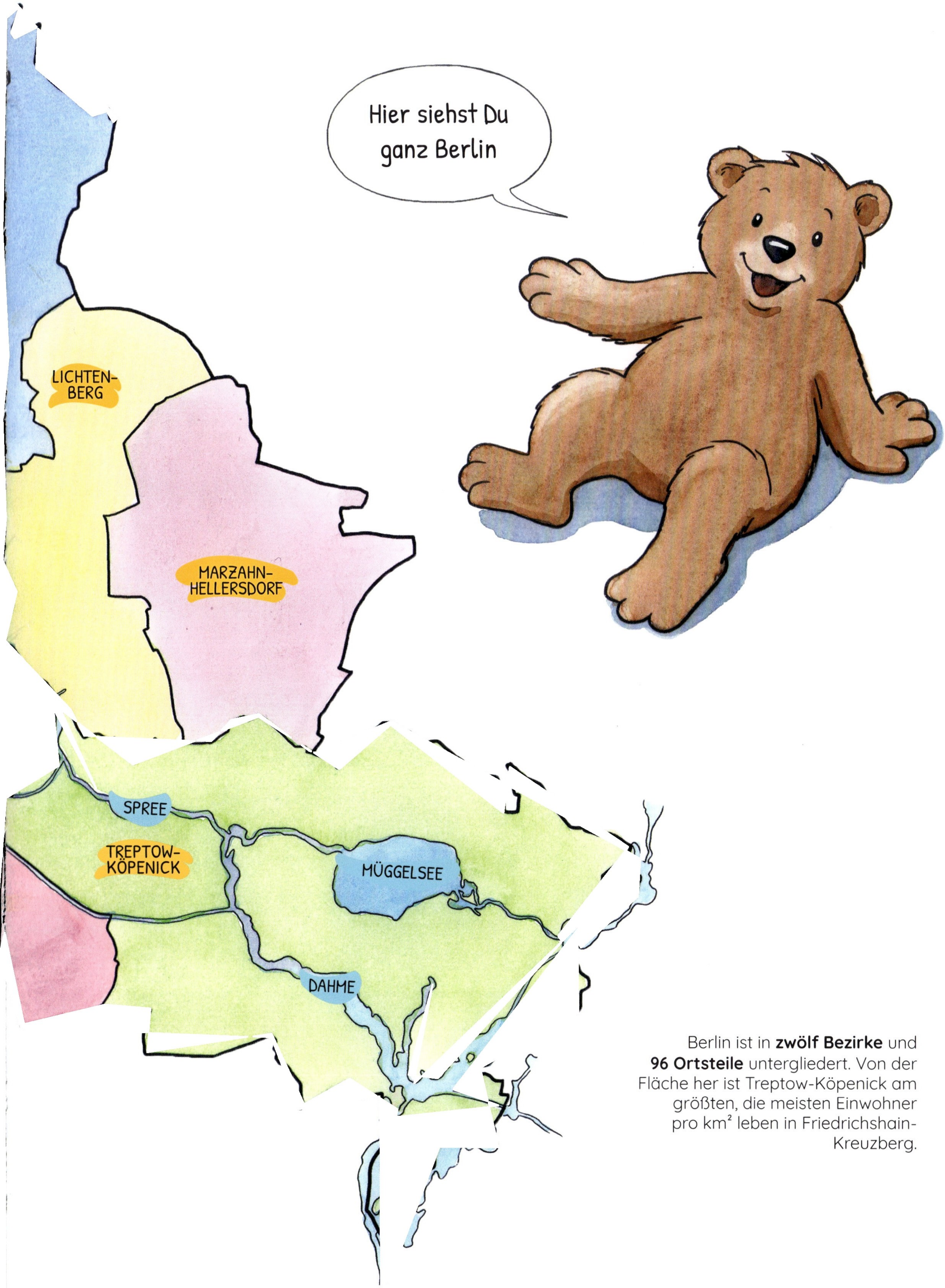

Berlin ist in **zwölf Bezirke** und **96 Ortsteile** untergliedert. Von der Fläche her ist Treptow-Köpenick am größten, die meisten Einwohner pro km² leben in Friedrichshain-Kreuzberg.

FSC
www.fsc.org
MIX
Papier aus verantwortungsvollen Quellen
FSC® C043106

Klimaneutral
Druckprodukt
ClimatePartner.com/13493-2311-1006

Nachhaltige
Bücher

Originalausgabe

www.windy-verlag.com

Text: Dagmar Fischer
Illustration: Katrin Merle
Grafik: Anna Zörner
Druck: Grafisches Centrum Cuno GmbH & Co. KG, Calbe
Printed in Germany

ISBN 978-3-948417-10-9
2. Auflage 2023

In gleicher Reihe sind erschienen:

„Unser Düsseldorf“
ISBN 978-3-948417-00-0

„Unser Leipzig“
ISBN 978-3-948417-17-8

„Moin Hamburg“
ISBN 978-3-948417-25-3